천 개의 달

하관용 시집

천 개의 달

초판인쇄 2024년 6월 24일
초판발행 2024년 7월 3일

지은이_ 하관용
발행인_ 이현자
발행처_ 도서출판 현자

등　록_ 제 2-1884호 (1994.12.26)
주　소_ 서울시 중구 수표로 50-1(을지로3가, 4층)
전　화_ (02) 2278-4239
팩　스_ (02) 2278-4286
E-mail_ 001hyunja@hanmail.net

값 11,000원

2024 ⓒ 하관용 Printed in KOREA

무단으로 내용의 일부를 인용하거나 복사, 발췌를 금합니다.

ISBN 978-89-94820-96-5   03810

하관용 시집
천 개의 달

도서출판 현자

시인의 말

바람이 많아집니다.
정체되었던 사물들이 움직이기 시작합니다.
생명력을 불어넣는 바람,
언제부턴가 살아있고 싶다는 소망에
희망을 품기 시작하였습니다.
손에 만져지지 않았던 것들에 대한
우려의 시간이 많았습니다.
갈고 다듬어도 날이 서지 않았던 것에 대한
조심스러운 마음입니다.
그러하기에 같이 고민하고
공유하는 시간을 가지려 합니다.
자라지 못했던 키만큼이나,
앞으로 있게 될 성장통을 견뎌내기 위한
심정으로 글을 풀어봅니다.

차례

5 • 시인의 말

1부/ 꽃과 나비

12 • 버드나무 소리
13 • 달개비 꽃 1
14 • 달개비 꽃 2
15 • 꽃 빛 마을 1
16 • 꽃 빛 마을 2
17 • 꽃 빛 마을 3
18 • 여뀌 1
19 • 여뀌 2
20 • 아버지의 江 1
21 • 아버지의 江 2
22 • 바람과 나비
23 • 하얀 새 1
24 • 하얀 새 2
25 • 하얀 새 3
26 • 하얀 새 4
28 • 병아리 눈사람
29 • 참나리
30 • 고군산열도
32 • 밤빛 마을
33 • 꽃은 잠들지 않는다
34 • 난蘭, 그리고 걸음
35 • 맨드라미 연정

차례

2부 / 천 개의 달

- *38* • 제비란
- *39* • 산나리
- *40* • 반딧불이 1
- *41* • 반딧불이 2
- *42* • 반딧불이 3
- *43* • 고향 실마리
- *44* • 7월에 피는 이슬
- *45* • 운무
- *46* • 밤하늘
- *47* • 천 개의 달
- *48* • 긴꼬리제비나비
- *49* • 이파리
- *50* • 기차에 실려 1
- *51* • 기차에 실려 2
- *52* • 기차에 실려 3
- *53* • 천연 빛깔
- *54* • 거미줄
- *55* • 담쟁이덩굴 1
- *56* • 담쟁이덩굴 2
- *57* • 담쟁이덩굴 3
- *58* • 별빛마을 1
- *59* • 별빛마을 2
- *60* • 별빛마을 3
- *61* • 가슴, 비가 내리다

3부/ 얼음 사람

64 • 곰에서의 하루
65 • 말벌 집
66 • 카사블랑카 꽃 1
67 • 카사블랑카 꽃 2
68 • 등지느러미 1
69 • 등지느러미 2
70 • 등지느러미 3
71 • 패랭이꽃
72 • 시안(視眼)
73 • 갇힌 세상
74 • 도깨비시장
75 • 흑백사진
76 • 센강의 밤하늘
77 • 야생화
78 • 개인용 컴퓨터
79 • 스웨터 기계(컴퓨터 횡편기)
80 • 무궁화나무
81 • 겨울 바다에서
82 • 피라미 떼
83 • 얼음 사람
84 • 바람에 실려
85 • 신작로 꽃길
86 • 어머니의 수돗물
87 • 구름의 단상

해설_ 90 • 하얀 꽃, 하얀 새, 아이들 / **손필영** 시인, 국민대 교수

1부

꽃과 나비

버드나무 소리
달개비 꽃 1
달개비 꽃 2
꽃 빛 마을 1
꽃 빛 마을 2
꽃 빛 마을 3
여뀌 1
여뀌 2
아버지의 江 1
아버지의 江 2
바람과 나비
하얀 새 1
하얀 새 2
하얀 새 3
하얀 새 4
병아리 눈사람
참나리
고군산열도
밤빛 마을
꽃은 잠들지 않는다
난(蘭), 그리고 걸음
맨드라미 연정

버드나무 소리

버드나무 가지들
봄 녘, 이른 아침 파랗게 소리를 낸다

버들피리
물가에 물을 들어 올리는 소리

평상平狀에 겨우내 누웠던
햇살 품어내는 소리

지난 겨우내 갈고 닦은 입을 다듬어
평사平沙에 떨어지는 별들

달개비꽃 1

어디서 오셨나요

구름 헤치며
가슴 저미어 오는 편지

살며시

꽃대 들어
마디 잇는 소리
밤길 열어 헤치는 소리

봉긋한 몸짓
물 길어 올리는 소리

밤길 열어
햇살 숨기는 소리

달개비꽃 2

풀밭에 누워서
하늘을 본다
앞서서 길을 가는 닭의장풀
푸른 줄기 뿌리를 내리려니
몇 마디 말도 못 한 채
별빛들이 스쳐 간다

여기서 땅을 박고 살아가는 이들

비스듬히 누워
곧게 뻗은 고랑을 만들고
뙤약볕 내리는 오후 내내
숨통을 쪼아 먹고 있다, 나는

바람 불어 좋은 날
깊숙이 줄기를 세운다.

꽃 빛 마을 1

봄에서 오는 것
그 마을에서 오는 것은
타는 노을일 뿐

차가운 기운이 오는 것은
비단 마음뿐 아니라 아닐 것인데

백목련꽃 피울 때쯤
바람은 아직 차고

파르르
꽃샘추위에 떠는 것

꽃잎뿐 아닐 것이다.

꽃 빛 마을 2

하늘에서 내려온 꽃씨
풀밭에 내려와
나비. 나비. 나비

봄 밭에 아지랑이
꽃밭에 내려와
하늘을 그리는 듯

꽃씨 하나
바람을 일으키고

바람 타고
노는
봄빛

꽃 빛 마을 3

꽃을 심으려나 봐요

살짝 가슴을 열어 보아요
빛은 바람 타고 달려와
살포시 꽃망울과 포개어 피고

꽃, 숨은 마음속에 지고
빛을 먹은 장미

하늘에
꽃을 심으려나 봐요

꽃에 숨은
나비, 나비

여뀌 1

산기슭 개울가에
군락을 이루며 망울망울 피어오르던 때
긴 한숨을 토로하며 살아가는 사람
습한 열기 불어 토막을 엮어
마디마디 줄을 이어
꽃망울

여뀌 2

실개천 흐르는
섬진강에서 들녘을 품다
오색찬란한 빛깔을 담아

파닥이는 피라미 붕어

천군만마 호령하는
꼬마들 들녘을 누비며

매미 패랭이꽃

지천으로 늘어진
꽃등을 훔치며

날아가는 새

아버지의 江 1

산 기슭에서 시작하여
황금빛 눈嫩과 밭을 적시는 물길이
아버지의 아들이 되어서야
실개천이란 걸 알았던 것인데

예일 곱살 아이
아버지의 손을 잡고
뱀장어 자라가 잡히던 수로
물잠자리 물방개 풀무치
은빛 모래가 빛을 내고요

풀피리 불던 아이
아버지의 강으로
강으로 흘러
江,
빛

바람이 되다.

*嫩: 어릴 눈

아버지의 江 2

강가에 아버지가 없다
갈대밭 가에
밭고랑에 등이 휘어져
굽은 등 펴실 때마다
땀 한 방울 흘리시고

매듭 매듭지어 이어져 오는 강가
거기에 아버지가 없다.

일상에 묻혀 살아온 타향

지난해 쓰러져 간 지붕
처마가 땅속에 박히고
별빛 하나가 스며든다.

밤하늘을 꿰놓은 건 빛깔
별빛 속으로 떠난다.

바람과 나비

하늘은 꽃을 보듬고
바람은 하늘을 품어
바람, 바람, 바람

산속에
바람이 꽃이 된다.
꽃바람 타고 나는
나비, 나비, 나비

하얀 새 1

도랑을 타고
뻗어 있는 마을
하얀 어린순은 상큼해
동구 밖 아이들 꽃을 꺾었어.
꽃이 하얗게 필 때
무리 지어 날아가는 새들
듬성듬성 꽃가루 뿌옇게
뿌렸다지요.

뛰노는
아이들이 참
고요한 숨소리 들렸다지요.

찔레꽃이 필 때쯤!

하얀 새 2

수줍어서 가시가 나고

바람에
숨어드는, 찔레꽃

나비처럼 날아

하늘의 기운을 머금은 채로
봉긋봉긋 피는 꽃잎

하얀 새 3

하늘의 기운을 머금었다.
바람을 이겨 지난 세월
수줍어서 가시가 나고

담장 너머로

바람에
숨어드는, 찔레꽃

하얀 새 4

남양주 운암산을 올라가는 길목에
찔레꽃이 환하다.
달리는 자동차 매연을 띤
무심코 쳐다보는 사람들의 시선을 피해
찔레꽃이 피었다.

오를수록 향기가 다가오고
향기만 남는다.
바람 불어 좋은 날
가슴팍 언저리에 못다 한
숨, 들이쉬며
우린 이곳저곳에 꽃을 심었다
파란 하늘 밑에서 무릴 지어
찔레 순을 꺾어 먹던 일

날아오르는 냄새를 퍼 날리는
구름

쉼 없이 찾아오는
동구 밖 어귀에 스치는

사람 냄새 맡으며
어릴 적 기억을 심는다, 우린

병아리 눈사람

출근길에 병아리가 창틀에
나란히 줄을 지어 꿈틀거렸다.

어떤 아이들이
밤새 눈으로 병아리를 만들었다.

며칠째 꽁꽁 얼어 지냈으리라
바람 불어도 서 있었으리라

길게 걸어 나오시리
눈瞳을 머금고 담으시리라
눈眼에서 꼬리까지 이으시리라

손끝에서 이으리라
생명을 담으시리라

가슴에
뜨겁게 녹였으리라

참나리

활짝 젖혀 나를 보아요
무수한 이야기를 들을 것 같아요
어젯밤에 그리도 힘들었었나요
벌들은 당신께 속삭임이 되고
나비는 기억을 더듬어 보아요

가슴을 젖혀 피어난 꽃
보듬어요

이리 오세요

내년에 다시 필 때
나를 붙들지 말아요

당신의 어깨 새록새록 돋아나네요

고군산열도

이팔청춘에
다녀왔던 선유도에서
나는 보았다
나지막한 해수욕장은 경포대보다
더 맑은 물길이 열린다던
어느 중년 신사의 말이 떠올랐다

장군봉 너머에
봉우리마다 찻길이 열리고

깊은
물길을 풀어
잔잔한 풍광이 펼쳐지던 때

돛단배 깃발을 달고
바람 속을 헤엄치며
섬으로
또 섬으로

펄 속에 피고 지는

게들의 행렬

구름
열도를 지나
무지개 섬으로

밤빛 마을

백사마을 언덕에 비가 내립니다

밤을 지새운 빗줄기

또 낮을 거르고 일합니다.

문득 연탄을 싣고 떠난 이들이
하늘까지 배달할 것 같습니다

하늘에 닿은 마을 사람들은
쿵쿵 떠내려갈 것 같습니다

잃어버린 날들을 지게에 지고
내려올 것 같습니다
불암산 아래
고이고이 잠들 것 같습니다.

꽃은 잠들지 않는다

꽃은 잠들지 않는다
잠시 바람과 마실 갈 뿐
어디서 날아와서 어디로 실려 가야 하는지
모를 뿐
하여
밤새워 지켜본 달은 샛바람에
부둥켜안고 온몸을 부르르 떨 뿐
더는 꽃은 시들지 않는다
단지 꿈틀거리는
외딴방 어디쯤인가
하얀 무지개를 그리고 갈 뿐

새날을 그리워하는

꽃은 잠들지 않고
불타오르는 꽃을 피울 뿐이다.

난蘭, 그리고 걸음

보여줄 길 없는 길을 걷다

잠시 커튼 속에서
숨을 들이켜다
상처 난 이파리
그가 일어서다
홍점 찍어
긴 숨을 토해 난, 난蘭
혈흔의 빛을 펴내

땅바닥에 누운 깃발

꽃등을 만들어 내다.

맨드라미 연정

 앞 뜨락에 잡초가 무성하게 자라났다. 몇 년 전, 여행 중에 채취한 노란 꽃씨가 땅속 깊은 곳에 움츠리고 있다가, 잊힐 즈음에 둥지를 틀고 있었다. 잊힌 꽃들은 탄생의 비밀을 간직하고 있다. 주머니 속에서 소곤거렸을 일화를 간직하고 그렇게 숨어 있었다. 이름 모를 숨통을 이어 맨드라미가 계절을 잊은 채 홀로 높게 자랐다. 차가운 바람을 품고 자기 키를 훌쩍 넘겨 갔다. 햇볕을 닮은 맨드라미는 붉게 타올랐다. 소담스럽게 가꾸어질 화단에 정체 모를 잡초들은 숨을 죽였다.

 바람에 꽃을 피워요
 센 겨울 앞에 얼굴은 피가 나요
 기약과 이별이 숨을 죽여요

 센 겨울 앞에
 가슴을 드릴게요.

2부
천 개의 달

제비란
산나리
반딧불이 1
반딧불이 2
반딧불이 3
고향 실마리
7월에 피는 이슬
운무
밤하늘
천 개의 달
긴꼬리제비나비
이파리
기차에 실려 1
기차에 실려 2
기차에 실려 3
천연 빛깔
거미줄
담쟁이덩굴 1
담쟁이덩굴 2
담쟁이덩굴 3
별빛마을 1
별빛마을 2
별빛마을 3
가슴, 비가 내리다

제비란

날아갈 듯 기지개를 켜는
산속 음지에서
도톰한 입술에
나비는 날개를 펴고
송홧가루 뿌옇게
유영한다
먼발치
저쯤에서 임 오시려나
깊은 산속 문밖에서
서성거리는 오늘

산나리

나비, 나비, 나비

산나리 볕을 쐬다
꽃바람 타고
나리가 일어섰다.

하늘은 꽃잎을 보듬고
바람은 하늘을 품어

산속에
산나리가 바람이 된다.

반딧불이 1

어렸을 때
반딧불이 잡아
병에 넣고, 또 넣어

오솔길을 따라
어둠이 물러간다.

빛깔로 하늘을 날고
날개로 색칠을 하여

하늘 동산의 별들
바람에 흩어지고

내가 잃어버린 반딧불이
문득 내 앞에서
날아오른다.

반딧불이 2

구름 사이로
빼곡하게 드러난 꽃
바람과 불이 되어
천정을 날아오르는 닻같이

산기슭 개울가에
군락을 이루며 망울망울 피어오르던 때
긴 한숨을 토로하며 살아가는 사람
습한 열기 불어 토막을 엮어
마디마디 줄을 이어
꽃망울

천 길 물속에 담긴
꿈길

봉긋봉긋 솟아오른
바람으로

바람이 머무는 대로
힘껏 솟아오르는
힘

반딧불이 3

빛을 훔친 도시의 불빛
유리성에 잠들다
차갑다
밤
콘크리트 벽 사이사이
작은 불빛
밤새 리모델링 중
여기서 저기까지 빛을 덧칠하여
빛은 날아간다

빛을 내뿜는
저 하늘

고향 실마리

동동 발을 구르던 아이들
냄새가 난다

입에 달아

연기 자욱한 처마 밑으로
새콤한 단내가 난다

허기진
집을 떠난
사람들 옷에서

냄새가 난다.

7월에 피는 이슬

별에서 이식되어 온
작은 꽃
꽃이 피네요
잘잘 부서지는
하늘의 온기 모아
부르르 필 것 같네요

탱탱하게 부은
입술

하늘 위로 사르르
꽃이 피네요

운무

덕유산 향적봉 꼭대기에
하늘을 휘감아 흐르는 구름
첩첩이 쌓이는
하늘과 땅을 잇는

첩첩산중

구름을 일구어
논과 밭을 짓고

땅과 땅의 경계가 무너지는
구름바다 속으로

밤하늘

밤마다

목메어 그리워했던 사람
심장 타는 냄새가 난다

긴긴 하늘

이파리마다

색칠하며 넓혀,
우주 한끝까지 번져가는
성城

한 뼘의 도화지 마을
거기에 우주가 잔다.

천 개의 달

땅거미가 내리는 마을
대보름날 아이들
동산에 모여

깡통 속에 나무 조각들을 넣고
하늘을 향해 던지는 불덩이

컴컴한 어둠 속
하나, 쉿! 조용히
둘, 나, 너, 종주야! 힘껏 던져봐
셋, 어두움 속에서 소리가 퍼지고

아이들과 같이 불덩이는 떠오른다.
천 개의 달이 떴다.
마을은 아이들의 달로 환하게 떠오른다.

긴꼬리제비나비

산나리꽃이
산비탈에 누워 오후 산책을 하고
회문산 봉우리 섰다

산등성 물줄기
회문산 마을에 박제되어 갔다

산을 활보하는

장수풍뎅이 벌레 고추잠자리
나비, 나비, 나비 바람

비스듬히 누워있는
능선 아래
긴꼬리제비나비
춤을 춘다.

이파리

밤마다

긴긴 하늘

이파리마다

파르르 번져가는
성城으로

도화지 마을로
거기에 우주가 스민다.

기차에 실려 1

크레파스로 그려지는 어느, 시골 언덕
파닥거리는 시간이 펼쳐진다
뭉텅 그려지는 도화지 위에 색색을 모아
무지갯빛을 담아 촘촘히 펼쳐지는 시간
차창 너머 뛰노는 아이들이 빠끔히 얼굴이 내민다
바람에 시려 신기루처럼 봉긋봉긋 여미는 색채

어느 마을 어느 시골 냄새가 난다

길가에 늘어지는 언덕배기

시간을 뭉텅 그려
물씬 풍기어 필름이 되어가는

여기가 하늘과 땅
세상이 기차가 된 마을

기차에 실려 2

파란 창공 끝을 향해
앞서 떠난 기차는 바람을 가르고 지나갔다
공간 사이로 평행선 그린 두 열차는
공간이동의 마술을 펴고
중첩된 세상을 담은 작은 마을
듬성듬성 마을이 펼쳐진다
처음 때처럼
처음인 것처럼
채색된 그림을 지우고
다시 돋아나는 새싹

공간만큼 벌어진 마당
누군가가 있다.

기차에 실려 3

메타세쿼이아 가로수 길을 지나

벌들이 춤을 추는
달맞이꽃 늘어선 언덕배기로

가슴에 묻어놓은 퍼즐 조각
도화지에 사르르 번지고

봉선화 군락
지천으로 꿈틀대는 냇가
어디쯤

밤 기차와 입맞춤을

봉긋 터드리는 꽃

가랑비
땅을 적시는 언덕배기로

천연 빛깔

　까칠하게 색칠한 나는, 막바지 가을을 시샘하는 추위에 무청을 바닥에 널었다. 지난번에도 번번이 놓친 적이 있는 시계視界를 응시한다. 몇 번이고 다시 점검하였는데 한 두 가지씩 놓치곤 한다. 귓불에 일직선이 그어진 주름을 들여다본다. 달구어진 귓불에 빨간 반점이 일어난다. 곤두선 신경을 따라 뇌파는 파동을 친다. 천년을 달군 이마는 서릿발 같은 함성이 인다. 움푹하게 패인 나이테는 심장 박동을 일으킨다. 험한 산등성을 지나 협곡에 이르러 호흡한다. 사선으로 그어진 귓불. 빗살무늬든 뇌파의 진동을 감내하지 못했다. 점차 느려진 시선을 응시한다.

　천연으로 그어진 선, 별똥별 평상에 자리 잡는다. 초췌한 귓불 반쯤 지나서야 멈출 수가 있었다.

거미줄

여린 비가 내리는 캠퍼스
계단 숲길을 따라
발길을 돌리는데

이슬 머금은
키 높이 거미줄

고개를 낮추어

네
속에
갇힌다.

담쟁이덩굴 1

오십 년 지난
폐가의 담벼락
잎겨드랑이에서 새끼 친 덩굴 보이네
거친 숨 몰아쉬는
질긴 뿌리 보이네
벌건 잎 새로 번지는 핏줄
지나온 마디마디 많건만
이렇게 뿌리를 내리는 걸까
쉼 없이 돌아가는
가는 날 탓을 하는 걸까
하늘 보기 부끄러워
붉게 타오르는 걸까
밤새 이슬에 젖어
또다시 뿌리 내리고
해는 기울어지고

담쟁이덩굴 2

그에게 가르쳐 준 일이 없기에

용수철 되어 솟구쳐 올라 보는 것이다
어느 정도의 힘을 가해야 그 높이에 이를지
한번 뿌리를 내려 찰떡 쳐 보고
퉁겨져 올라 오그려도 보고
그저 담벼락을 건드려 보기도 하고
늘려야 할지 잡아당겨야 할지
엎드리어 소리를 내 보는 것이다
쌓여가는 잎, 바람에
숨을 죽여 소리 내어 보기도 하고
늘어진 넥타이를 잡아당겨 보기도

한 뼘, 세 치, 넓이
또 한 발짝
달라붙어 보기도 하는 것이다.

담쟁이덩굴 3

은빛 강 언덕 위에
흰나비가 꽃 속 깊이 뿌리를 내려
잎을 틔우고

땅에 박힌, 두툼한
입술의 기운
개천가 실핏줄이 되어
피라미 떼, 물방개
구십여 리 길 돌아

밤빛이 뜬다
파지에 핏줄이 생겨
은빛 마을에 땀방울이 돋아난다.

별빛마을 1

사랑이 오려나 봐요
그대가 선 자리에 남겨진
푹 파인 선명한 자국

팽팽한 가슴이 열리나 봐요
열 길 넘은
우물처럼

풀숲 넘어 빈 종이에 번지는
탱탱하게
새록새록 늦은 별이 뜨려나 봐요.

별빛마을 2

문을 두드리나 봐요

바람결에 문득
깊은 잠결에서나
꿈길 넘어 저만치 서서

빈 운동장 한가운데 서서

바람이 부는 대로

그 집, 구석에 놓여
일어나나 봐요.

별빛마을 3

눈으로 오려나 봐요

불빛마을에서 지펴온 당신
내, 다시 올게요

숨겨온 마음 바람에 담아
나, 당신을 닮아 놓을게요

몰래 다시 올게요

그대, 다시없을 때
내, 다시 눈물을 흘릴게요

그 자리에, 그 자리에
꼭꼭 숨겨놓을게요

바람에
꼭꼭 실려 보낼게요

가슴, 비가 내리다

하늘, 붉다

상처 난 손마다
바람이 난다.

바람, 노을을 품어

이슬에 젖은
하늘, 새가 되어 날다.

3부

얼음 사람

곰에서의 하루
말벌 집
카사블랑카 꽃 1
카사블랑카 꽃 2
등지느러미 1
등지느러미 2
등지느러미 3
패랭이꽃
시안(視眼)
갇힌 세상
도깨비시장
흑백사진
센강의 밤하늘
야생화
개인용 컴퓨터
스웨터 기계(컴퓨터 횡편기)
무궁화나무
겨울 바다에서
피라미 떼
얼음 사람
바람에 실려
신작로 꽃길
어머니의 수돗물
구름의 단상

괌에서의 하루

남태평양 한가운데
홀로 서 있는 섬에는

낯선 이방인을
경계하는
가시 돋친 목소리와
독毒을 품은 성게가 있다
본토를 에워싼 요새마다
영토를 수성하기에 바쁜
독 가시의 열대어들이
형형색색으로 무장한
불침번을 서고

일렬로 놓인 기지
바닷속
본성本城을 엄폐하는

초병이 있다.

말벌 집

여름방학 냇가에서
아이들이 돌 틈 사이
말벌 집에
물을 부었다.

튀어나온 땡기벌들
몇 마리는 풀째로 잡고
하늘을 수놓은 나머지 벌들 앞에
돌바닥에 누워 아이들은
*꼬꼬댁꼬꼬댁 소리를 낸다

벌집에 메아리처럼
부질없는
아이들의 외침

따끔하다 싶더니
마비되어 부풀어 오르는 팔뚝

둑처럼 무너져 내렸다.

*벌집에 물을 붓고 난 후 튀어나온 벌을 피하려고 바닥에 엎드리고 다급하게 외쳤던 말

카사블랑카 꽃 1

도톰한 입술을 열어젖혀

달콤한 향기가
천상에 날리는 순백의 자태
하얗게 너울거린다

도도한 걸음

회색빛 도시의 애절한 키스
강렬한 자태다, 너는

하얗게 스며드는 집

그 성에서 애잔한 숨결이 들린다
오스트리아
더위 솜털을 담아

카사블랑카 꽃 2

땅속에 묻힌 지 열흘
암흑으로 변한 내 몸 만지지 마세요
숨을 쉬는지도 오래
바람이 그리워요

땅속에 묻힌 지 열하루
숨죽이며 예순 날
햇볕이 그리워요, 오늘

밤사이
눈물 두 방울
하늘에 꽃이 피네요.

등지느러미 1

일곱 살부터
지게를 밑천으로 나무를 팔아
산등성과 시장으로 오가시던 아버지

사당패들의 탈춤을 추기 시작하자
젊은 사람들이 둘러섰다.
작은아버지 박수 소리가 요란했다.
갑자기 인민군들이 총을 들고
젊은이들을 둘러쌓았다. 보자기로 싸듯

사람들은 섬진강을 거슬려
지리산으로 밧줄에 묶여가고
아버지가 뒤따라가다 달려가
작은아버지를 강물로 밀고 뛰어들었다

등지느러미 힘을 돋우고
꿋꿋하게 중심을 찾는다.

피라미 등지느러미
날렵하게 물줄기를 가르는 힘

등지느러미 2

쉰하고도 서너 살 정도였을까

칼질하면서도 망설이길 여러 번
그래서 나는 새로운 깃을 세우기도 하는
빗발치는 아우성 속에서도 덤덤한 걸음으로
여러 해 지났을까

폐가 된 헛간을 둘러보는데
문득, 아버지는

칼바람에도 아랑곳하지 않았다
가물었던 논뙈기 앞에서도
수로를 따라 물살을 헤쳐
물길을 내시고

신작로 뒷산에 돌밭을
밤늦게까지 돌들을 옮기느라
부르터진 뒤꿈치를 동여매시고
밤늦게 건하게 취하셔서 돌아오셨다.

여전히 꿈틀거리는 지느러미

등지느러미 3

아버지가 돌아가신 후
여러 해 지났을 때
아버지가 늘 말씀하시던 것들이
조금은 이해될 것도 같은데

오랫동안
창밖에 어른거리는 잔상
귓가에 스쳤던 목소리

"나는 산에 혼자 살 것이다. 네 어머니를
부탁한다."

굽은 등으로
몸을 돌려 산으로 올라가신 아버지

잠시나마 잊고 살았던
가시 돋친 등지느러미

물길 헤쳐
흐르는 강

패랭이꽃

들녘 바람이 불다

꽃잎 마디에 숨어서 핀
패랭이꽃
하늘이 수줍어 꽃을 피우다
온갖 빛을 품에 안고
늦은 밤, 살짝 내민 손등 사이로
피가 솟는다.
등줄기 마디마디에
손가락 활짝 펴고
바람 품어 가슴, 가슴에
피멍이 든다.

시안視眼

이른 새벽, 책을 펴놓고
차 한 잔의 향기에
시편을 읽는다.

구석에 자리한 수많은
번민을 목구멍에 꿀꺽
이런저런 파편들을
소화하는 중

얼키설키
실타래를 바느질하고

사르르
눈물 한 방울

갇힌 세상
- 손톱

 쉰하고도 몇 년이 지난 손톱 사이에 내 이끼가 끼어 있다. 이끼 속에 숨 막히는 혈전을 치른 흔적을 가지고 있다. 실핏줄로 전선은 이어오고, 밖에서 실어 나른 덤프트럭 좁은 사이로 행진한다. 각질이 속내를 보인다. 투명한 유리잔 사이로 삐져나온 성적표는 먼지를 뿜어낸다. 유리성에 갇힌 나는 풀밭에 메뚜기가 된다. 흔적 없이 자라나는 길이에 갇힌다. 모자이크된 무게를 싣는다. 무게에 힘을 가하여 얻어낸 크기에 전투병이 된다.

 삶은 손톱이 된다.
 손톱에 갇힌 나는 유리성에 투영된 빛을 먹고 산다.

도깨비시장

망우리 441번지 도깨비시장 언덕에 단칸 셋방에 살았다. 주인 김형은 이른 아침부터 목각을 다듬어 원앙 쌍쌍을 만들어 장사하였다. 김형은 장사가 밑천이라며 일본어를 능숙하게 구사하며 일본으로 수출하였고, 새 쏘나타를 타고 떠나갔다. 망우리 산에서 불어온 산바람은 뙤약볕 내리쬐는 산골 묘지를 쓰다듬었다. 3층 상가 중 7평마다 5개의 칸막이 1층 점포 앞의 소방도로는 차들로 붐볐고, 건물 가게 앞 주차된 차마다 밤사이 타이어 펑크가 났다. 옆방 아줌마네, 세 아들 중 5살 난 아들은 세발자전거를 타고 창공으로 달려갔다. 칸마다 점포가 들어서고 건물 입구에 피아노 선율이 밤을 타고 비행하던 중, 지하에도 봉제 공장이 문을 열고 트럭이 도깨비처럼 정차해 갔다.

망우산에서 불어온 바람은 봉화산 배 밭골 도로를 열어젖혔다. 아파트 꼭대기는 산바람이 불어왔고, 자전거는 밤마다 도깨비시장 골목길을 달려갔다.

망우리 도깨비시장, 아침에 이른 해가 떠올랐다.
피아노 건반에 이른 해가 떠올랐다.

흑백사진

 불암산 아래 사는 사람들은 너나 할 것 없이 산을 오르길 좋아한다. 비탈길을 단숨에 오르려는 사람, 비탈에 누워 헐떡거리는 사내 산을 오른다. 산이 누워 개가 누워 바람이 누워 잔다. 꼭 몇 달 만이지! 산 밑에 살아가는 이들에게 사르르, 사르르 심장이 뛴다. 언제부턴가 젊은 사람이 보인다. 능선에 비스듬히 누워 있는 사내. 그 사내는 암벽에 기대어 섰다. 빈틈 사이로 비집고 가지를 내민다. 잎을 틔우고 가지를 벌린다. 헐떡이며 다리를 주무른다. 비좁게 갈라진 좁은 길을 만들어 내던 사내는 흔들거리는 손잡이를 힘껏 잡아당긴다. 해가 중턱에 뜨자 암벽에 또 사진이 박힌다. "3~4년 만에 오셨군요?" 사진관 아저씨의 말이 귀에 맴돈다. 흑백사진으로 몇 장 빼주세요.

 꽃 무지가 날아올라 씀바귀 위로 앉는다.

 암벽 위로 암벽 위로 틈을 벌리면서
 잎을 틔운다. 저 사내가

센강의 밤하늘

축제와 무도회가 열리는
파리의 센강에는
비릿한 냄새가 진동하는
강가마다, 청춘남녀의 무도회로 불야성을 이루고

아담과 하와가 동산에 모여

폭죽을 터트리며
검은색 슈트에 흰색 고무신을 신고
에펠탑에서 전해진 불빛으로 목욕한다

불빛에 휘영청 나뭇가지가
풀려나가고
유람선에
기대어 서 있는 나는
비스듬히 강물에 빨려 들어가고

에펠탑에
번개와 함성은 살아나
깊은 밤은 휘영청 늘어져 간다.

야생화

하늘을 이고 있는 야생화

바람으로 꽃 잔치를 열어 놓아

구석구석 색칠 냄새가 난다
언덕배기 사르르 눈을 감아
구석구석 빗장을 열어젖힌 꽃

부스스 눈을 뜬다.

하늘 꽃밭
바람이 화가다

별들, 부스스
몸을 떤다.

개인용 컴퓨터

올해로 10여 년이 지난
DB-Z68 컴퓨터
오늘도 나는 책상 앞에
컴퓨터와 대화를 한다.

몇 해 전에 부팅이 되지 않아
수리 기사의 도움으로 연명하고
반려가 되어 맞이했다.

해를 거듭할수록
컴퓨터가 늙어간다.
속내를 담아낸 그릇

가파른 등산길처럼
기우뚱거리고

다시 살아내야 할
빛나는 시간 속으로

스웨터 기계(컴퓨터 횡편기)

스르르 무지개색 실이 돌아간다
한 올 한 올 삼키며
스웨터 하나가 만들어
어지럼증 울렁증 목부터 배꼽까지
직선으로 당기는 중

실 하나가 팽팽하게 목표 지점을 향해 이동하고
스르르 바늘에 묶여
빨강 노랑 파랑 빛깔을 담아
둥글게 원을 그리며 쏴-아
포물선을 그린다.

작은 각도에 맞추어
촘촘하게 작은 원을 그리며
가슴까지

입력된 입김으로
배꼽에서 목까지
스웨터 하나가 탄생한다.

무궁화나무

겨울이 오는 길목에
어린이집 정원에 무궁화나무
유리창을 덮었다.

여름을 향해
크는 대로 무성한 가지

창문을 넘긴 꼭대기
가지치기하는데

지나가던 어느 노인
그대로 두라신다.

얼키설키 자라나야 무궁화나무
자라는 대로 자라게 내버려 두어라

겨울 바다에서

속살을 내민 바다는
모래성에 갇혀
등살 내민 껍질이 된다.

펄이 되어 살아나는
껍질 속.
살갗을 할퀴다

성난 바다

하얀 속살을 드러낸다.
벗겨진 몸통
탱탱하게 익은
바다.

피라미 떼

하늘로 피어오르는 건
꿈길 만드는 건
그건 살아 있다는 거

물살을 가르며 솟구치는 피라미 떼

폐병이 뒹구는 길바닥에
누워 한 치 자리를 넓히고
밤새 튕길 수 있다는 거

수중보 넘어
길을 만든다

그건 살아 있다는 거다.

얼음 사람

눈雪이 내리자
꼬마들 옥상에 올라와
하얀 꽃을 피웠고

양동이에서 벗어난
얼음 사람
잃었던 눈썹과 입을 붙이고

아이들 호호 불며
생기를 밀어놓고

눈에 실려
동동 떠다니는
얼음 사람

얼음 사람 따라
아이들 둥둥 따라가고
하얀 꽃도 소곤소곤

바람에 실려

어디서 왔는지도 모를
겨울바람이 불어온다
실바람이 세차게 불어와
콧등을 후비는 때
억만년 세월 담은 가시가 돋치고
응어리진 바람, 바람이 인다
사람들, 바람이 시려
머나먼 곳으로 떠나갈 새
한 마리 이름 모를 새가 된다
광활한 우주를 품고
우주가 사람을 품을 적에
응어리진 가슴이 풀어 젖혀진다
바람에 실려

신작로 꽃길

마을 초입
꽃들이 피었다

책보를 둘러맨
아침 등굣길

아이들
앞서거나 뒤서거니

흙먼지 날리는
작은 꽃들의 신작로

붐빈다.

어머니의 수돗물

라면이 처음 나왔을 땐
꼬불거리는 면발을 따라
탱글탱글하며 목구멍에
숨을 죽이며
삼켰다.

무슨 맛인지
느낌인지 몰라도
주시니 받아먹었다.

수도꼭지
물이 흐르고

부르르

녹아져 내렸다.

구름의 단상

나무들 바람몰이하느라
밥 먹을 시간도 잊은 채
반듯하게 그림을 그림

꼭대기에 날렵하게
기생하는 새
온 누리에 뚜벅뚜벅
걸어오고

구름
살포시 바람을 덮고
반듯한 하늘이 열림

나비
나란히 별을 토해
촘촘하게 실을 엮어 놓고

별들, 시간을 잊은 채

꾸벅꾸벅 잠자리에 들고

하관용 시집 『천 개의 달』을 중심으로

하얀 꽃, 하얀 새, 아이들

손필영 (시인, 국민대 교수)

해설

하얀 꽃, 하얀 새, 아이들
— 하관용 시집 『천 개의 달』을 중심으로

손필영 (시인, 국민대 교수)

> 나에게 나의 지각은 지금까지 잠재 되어 있는
> 그 대상을 저기 있는 것으로 드러내고
> 그 현존을 증시하는 한줄기의 빛과 같다.
> -메를로 퐁티

  햇살 찬란한 오월, 하얗게 날리는 꽃잎, 찔레꽃을 따라 날아다니는 아이들은 아직도 그곳에 있을까? 컴퓨터 시대로 접어들면서 세상이 속도 빠르게 변화하고 있다. 변화하지 않는 게 있다면 어릴 적 순수성에 대한 갈망일 것이다. 하관용 시인의 시는 속도 빠른 현실 속에서 순수한 마음이 하얀 이미지로 나타난다. 그의 시는 순수의 결정체인 '하얀 새' '하얀 꽃', '아이들'로 하얀색 질감을 나눠 갖으면서 시상이 변화되고 있다.

도랑을 타고
뻗어 있는 마을
하얀 어린순은 상큼해
동구 밖 아이들 꽃을 꺾었어.
꽃이 하얗게 필 때
무리 지어 날아가는 새들
듬성듬성 꽃가루 뿌옇게
뿌렸다지요.
　　　　-〈하얀 새 1〉 부분

  아이들은 상큼한 찔레꽃 하얀 어린순을 따 먹으며 뛰어다니다가 꽃가루 흘리며 무리지어 날아다니는 새들이 되었다. 시인의 반짝이는 어린 날은 작은 실개천인 도랑을 타고 뻗어있는 마을에서 찔레꽃, 꽃가루, 새들이 되어 지상적 실재가 지상 이상의 존재로 바뀐다.

수줍어서 가시가 나고

바람에
숨어드는, 찔레꽃

나비처럼 날아

하늘의 기운을 머금은 채로
봉긋봉긋 피는 꽃잎
　　　　-〈하얀 새 2〉

지상의 존재에서 천상으로 향했던 시인은 찔레 줄기에서 가시를 피해 찔레순을 찾았을 것이다. 시인은 찔레의 가시를 외부로부터 자신을 보호하기 위한 것으로 보지 않고 수줍어해서 피웠다고 보고 있다. 수줍어서 세상을 향해 가시를 달고 있는 찔레꽃은 시인의 정체성을 드러내기도 한다. 하얀색을 갈망하는 시인은 자신을 보호하기 위해서가 아니라 수줍어서 가시를 세우며 하얀 나비처럼 하늘의 기운을 전하는 듯 봉긋거리면서 삶을 시작했을 것이다.

시인에게 찔레꽃이 아름다운 것은 하늘을 머금은 바람을 닮아 나비처럼 날아가기 때문이다. 그의 삶도 하늘의 기운을 머금고 지상을 벗어난 기운과 긴밀한 연결을 추구하려고 순수한 시절의 꽃잎처럼 날아올라 무한히 열려있는 우주적인 순간에 집중하고 있다. 찔레 향기 속에는 어린 시절의 그의 우주의 속성이 열리는 순간이 보이기도 한다.

> 파란 하늘 밑에서 무릴 지어
> 찔레 순을 꺾어 먹던 일
>
> 날아오르는 냄새를 퍼 날리는
> 구름
>
> 쉼 없이 찾아오는
> 동구 밖 어귀에 스치는
> 사람 냄새 맡으며
> 　　　　　　- 〈하얀새 4〉 부분

찔레 순을 꺾어 먹는 감각과 "날아오르는 냄새를 퍼 날리는"이라는 감각은 시적 자아가 몸의 감각을 통해 자연의 일부가 되었던 자신의 과거를 현재의 순간으로 지각하고 있다. 메를로 퐁티의 말처럼 시인은 몸으로 세계를 인지하고 세상에 뿌리를 내렸다. 천상을 향했던 앞의 〈하얀새 1〉, 〈하얀새 2〉의 시상은 과거에 집중되어 있었으나 감각을 통해 파란 하늘, 구름 같은 지상을 벗어난 사물이 과거에서 현재로 돌아오면서 사람 냄새로 나타난다. 시인의 순결한 영혼이 현실에서는 사람에 집중되고 사람에 홀리는 순간을 맞이하고 있다. 사람을 그리워하기 시작하면서 시인의 찔레꽃이 만들어 놓은 우주에 사람이 나타나기 시작한다는 의미이다. 하관용 시인의 찔레꽃은 인위적인 의미의 세계가 아니라 자연의 일부인 찔레꽃의 우주였다.

이원수의 동시 〈찔레꽃〉에서는 "찔레꽃 이파리는 맛도 있지 / 배고픈 날 가만히 먹어 봤다오"라는 가난한 시절 아이들은 찔레꽃을 따 먹었다는 얘기가 나온다. 〈하얀새1〉에서 보았듯이 하관용 시인도 가난한 환경 속에서 찔레꽃을 먹었겠지만 그는 가난에 집중하지 않았고 그의 우주를 향해 날아다녔다. 찔레꽃은 〈하얀새 3〉에서는 구름이 날아오른 냄새를 퍼 나르는 동안에도 "쉼 없이 찾아오는/동구 밖 어귀에 스치는/사람 냄새 맡으며" 사람을 기웃거린다라고 함으로써 사람에 대한 관심과 호기심에 집중하며 세상을 궁금해

하는 모습을 드러낸다.

또한 우리 시단에는 하얀 꽃잎과 가시를 지닌 찔레꽃을 소재로 쓴 시 작품이 많다. 대부분 자신의 정신적 가치를 드러내기 위해 가시를 통한 삶의 의지를 집약하거나 찔레꽃의 특징인 가시와 향기를 비유적으로 썼다. 또는 찔레꽃의 속성인 가시를 내세워 꽃보다는 시인의 가치인 개념을 강조하기도 했다. 이에 비해 하관용 시인은 찔레꽃을 꽃 자체로 보면서 그 꽃이 지닌 속성을 그대로 집중하고 있어 꽃을 인간화하거나 인간 가치 중심으로 바꾸지 않고 자연의 속성으로, 꽃의 우주에 집중하고 있다.

위기에 처한 지구 생태계로 인해 인간의 오만을 반성하는 입장에서 시에서도 자연을 자연으로 바라보자는 운동이 전 세계적으로 일어난 지 50년이 넘었다. 자연은 더이상 도구로서의 의미를 지니지 않는다. 낭만주의 시인들처럼 자연을 소재로 하여 인간의 정서를 드러내는 것도 결국 자연을 도구화하는 것이다. 지속가능한 인류 미래를 위해 인간이 무엇을 할 수 있는가에 대한 고민 중에 첫째 자세는 자연도 그 자체로 생존할 권리가 있다는 것을 인정하는 것이다. 모든 생명체가 공존하여 각 개체가 각 생명의 기운으로 자존하고 자족하는 것이다. 그런 시각에서 본다면 그동안 시에서의 자연을 인간화한 비유적 표현은 인간 중심적 가치를 드러내는 것일 것이라고 볼 수 있다. 의인법이라든가 자연을 도구

화함으로 어떻게 각각 생존하는 사물 자체를 시로 쓸 수 있을까? 생태시는 누구나 자연을 자연으로 돌릴 때 가능하다고 한다. 하관용 시인의 시에서는 사물을 의미화하지 않고 자연을 있는 그대로 보여주는 데서 시가 끝이 난다. 그의 시선에서는 인간의 행동조차도 감각을 통해 자연의 일부로 돌아가고 있다. 그는 자연(사물)을 소유하지 않고 수줍게 바라보면서 몸의 기억을 불러내고 있다.

> 동동 발을 구르던 아이들
> 냄새가 난다
>
> 입에 달아
>
> 연기 자욱한 처마 밑으로
> 새콤한 단내가 난다
>
> 허기진
> 집을 떠난
> 사람들 옷에서
>
> 냄새가 난다.
>   -〈고향 실마리〉 전문

　가난하여 부모 손에 이끌려 안타까워 발을 구르며 고향을 떠나는 아이들도 그 아이들이 살았던 집에서도 새콤한 단내가 난다는 것으로 시인은 과거의 그리움을 냄새로 지각하고 있다. 시인은 친구의 가난의 냄새를 '새콤한 단내'라고 표현함으로써 의미화하지 않고 본능의 감각으로 신체의 기억으로 떠올리고 있다. 나아가 시인은 앞의 시와 같이 과거의 순간들을 현재에도 여전히 느끼고 있다. 이는 고통스러운 경험 속에서도 달콤한 기억과 감정이 존재하므로 가난이라는 경제적인 상태와 맞물린 아련한 그리움의 복잡한 심경이 지금도 지속되고 있음을 드러낸다. 어릴 적 친구와의 작별을, 가난한 시대의 그리움을 새콤한 단내로 지각화함으로써 의미화하지 않고 현장이나 상황을 불러내어 현재화하여 보여준다.

　　땅거미가 내리는 마을
　　대보름날 아이들
　　동산에 모여

　　깡통 속에 나무 조각들을 넣고
　　하늘을 향해 던지는 불덩이

　　컴컴한 어둠 속
　　하나, 쉿! 조용히
　　둘, 나, 너, 종주야! 힘껏 던져봐
　　셋, 어두움 속에서 소리가 퍼지고

　　아이들과 같이 불덩이는 떠오른다.

> 천 개의 달이 떴다.
> 마을은 아이들의 달로 환하게 떠오른다.
> —〈천 개의 달〉 전문

불놀이는 전통적으로 봄을 맞이하여 액운을 쫓고 풍년을 기원하는 행사지만 마을은 아이들의 보름날 쥐불놀이에 의해 타오르기 시작하면서 그 빛으로 환하게 밝혀졌다. 눈으로 보는 세계를 통해 아이들이 실제로 생동감 넘치는 그 마을의 빛이었음을 드러낸다. 또한 이러한 지각은 아이들의 움직임이 마을 전체를 밝혀 마을에 밝음과 활기를 불러냈고 아이들 자체가 마을의 기쁨이고 희망이었음을 드러낸다. 현재에도 시인은 마음속에 친구들을 모두 한자리에 불러 모아 그들과 같이 어둠 속에 환하고 둥그런 불빛을 떠올려 아이들의 달빛에 취할 것이다. 쥐불놀이로 떠오른 달은 과거에서 현재까지 또 시인이나 친구들이 삶의 고비고비를 넘는 순간마다 밝게 떠올랐을 것이다. 마을뿐만 아니라 개인에게도 어린 시절의 순수하고 뜨거운 순간이 지속적으로 타올라 내면의 빛이 되었음을 지각하고 있다. 순수성으로 빚어진 천 개의 달은 순간순간 맞이하는 삶의 어두움으로 인해 질 수도 있었지만 이 달은 져도 져도 다시 떠오르는 빛이었을 것이다. 시인이 지각한 천 개의 달은 계속해서 떠오를 보름달이었다. 어린 시절을 포함한 과거는 고향을 떠난 후에도 지각을 통해 지속적으로 눈앞에 나타난다.

> 파란 창공 끝을 향해
> 앞서 떠난 기차는 바람을 가르고 지나갔다
> 공간 사이로 평행선 그 린 두 열차는
> 공간이동의 마술을 펴고
> 중첩된 세상을 담은 작은 마을
> 듬성듬성 마을이 펼쳐진다
> 처음 때처럼
> 처음인 것처럼
> 채색된 그림을 지우고
> 다시 돋아나는 새싹
>
> 공간만큼 벌어진 마당
> 누군가가 있다.

-〈기차에 실려 2〉 전문

고향을 떠나는 아쉬운 마음과 현실의 상황을 인정해야 하는 시적 화자는 두 개의 평행선처럼 바라보던 두 기차를 동일한 순간으로 지각한다. 과거에 달렸던 기차를 통해 슬픈 삶을 바라봐야만 했고 이제는 삶의 조건이 되어버린 현실의 기차를 통해 두 순간을 하나로 받아들이고 있는 것이다. 공간을 관통하며 빠르게 움직여 시간과 공간을 초월하는 기차의 역동성은 변화하는 삶의 여정과 같아 과거나 시인이 바라보던 시점을 어느 사이 동일한 순간으로 만든다. "공간 사이로 평행선 그린 두 열차는/ 공간이동의 마술을 펴고/ 중첩된 세상을 담은 작은 마을"로 지각되어 시인의 기억 속 고향 이미지는 과거와 현재가 서로 중첩되어 존재하고 있다. 나아가 시인이 고향을 떠나왔음에도 불구하고, 지각이라는 연결고리가 작동하여 새싹이 돋아 오르는 것처럼 '처음 때'처럼 다가오고 있음을 보여준다. 시인은 고향을 물리적, 감정적 거리를 뛰어넘어 현재적으로 지각하고 있으나 그곳에는 누군가가 있다. 이는 시인의 과거와 현재 사이의 거리가 시간의 문제가 아니라 갈등을 담은 현재라는 것을 드러낸다. 그러나 그 갈등의 원인이 무엇이든지 간에 그는 이 또한 자연적으로 해결하고 있다.

  여린 비가 내리는 캠퍼스
  계단 숲길을 따라
  발길을 돌리는데

  이슬 머금은
  키 높이 거미줄

  고개를 낮추어

  네
  속에
  갇힌다.
    -〈거미줄〉 전문

 도시에서 살고 있는 자신이 문득 어딘가에 갇혀있음을 인식하고 있다. 어린 시절의 자유로웠던 시적 자아는 어느 사이 갇혀있다는 사실을 깨닫는다.

  캠퍼스에서 이슬에 젖은 거미줄을 우연히 마주친 시인의 감수성은 자기인식의 순간을 만난 것이다. 계단과 숲길은 도시 생활과 자연적 경계에 서 있는 시적 자아의 위치를 보여준다. 비는 몸으로 젖어 들자 시인에게 뭔가를 지각하게 한다. 갑작스럽게 마주친 거미줄은 일상에서 느껴왔던 심리적 또는 물리적 장애나 제약들이다. 그는 "고개를 낮추어 네 속에 갇힌다."라고 하면서 거미줄에 걸린 자신을 어떤 상황에 갇혀있음을 자각하고 이를 받아들인다. 자연을 떠나온 시인이 겪는 도시 생활의 복잡성과 그 안에서의 개인적 감정의 감금이 배경을 이루고 있다고 볼 수 있다. 거미줄은 생활의 제약들일 수도 있는데 시인은 자신이 살고 있는 도시 환경 속에서 갑작스럽게 자신의 상황을 감각적으로 인지하며, 자신이 무엇에 갇혀있다는 상태를 인식한다. 갇혀있다는 상황을 느낀 시인의 지각은 더하지도 보태지도 않는 자연의 상태를 바라보는 시선에 멈춰있다.

    그에게 가르쳐 준 일이 없기에

    용수철 되어 솟구쳐 올라 보는 것이다
    어느 정도의 힘을 가해야 그 높이에 이를지
    한번 뿌리를 내려 찰떡 쳐 보고

퉁겨져 올라 오그려도 보고
　　그저 담벼락을 건드려 보기도 하고
　　늘려야 할지 잡아당겨야 할지
　　엎드리어 소리를 내 보는 것이다
　　쌓여가는 잎, 바람에
　　숨을 죽여 소리 내어 보기도 하고
　　늘어진 넥타이를 잡아당겨 보기도

　　한 뼘, 세 치, 넓이
　　또 한 발짝
　　달라붙어 보기도 하는 것이다
　　　　　　　　　　　　－〈담쟁이덩굴 2〉 전문

　사물을 있는 대로 바라보고 사물의 속성을 그 우주로 받아들이는 시선은 도시 생활을 소재로 한 시에도 계속적으로 나타난다. 담쟁이 덩쿨의 속성은 시인에게 긴장의 순간을 떠오르게 한다. 시인은 고향을 떠나 도시 생활에 적응하면서 힘든 시간을 보냈을 것이나 그때마다 용수철 같이 뛰어오르기 위해 담쟁이 넝쿨과 같이 '엎드리어 소리'를 내거나 '숨죽여 소리내기'도 하고 '달라붙어' 보기도 하면서 견뎌냈을 것이다. 담쟁이덩굴의 생명력과 탄력성을 삶의 끈기와 의지로 자각하고 담쟁이덩굴의 성장 과정을 자신의 경험으로 바라보고 있다. 특히 힘든 상황에서도 계속 살아내려는 인내를 상징적으로 표현하여 "용수철 되어 솟구쳐 올라 보는 것이다"라는 역동적 힘의 소구로 드러낸다. "한번 뿌리를 내려 찰떡 쳐 보고 퉁겨져 올라 오그려도 보고"를 통해 적확한 방법을 찾아보려는 순간도, "그저 담벼락을 건드려 보기도 하고 늘려야 할지 잡아당겨야 할지"를 통해 힘을 주고 빼는 순간도 균형을 잡아야 했던 시적 자아의 살아왔던 모습과 태도가 현재로 지각된다. 자연의 담쟁이 넝쿨의 생존 의지는 본능적으로 상황을 극복하려는 모습을 보여 준다고 본 시인은 이 사물의 강한 역동성에 아이러니하게도 그저 달라붙어 웅크리고 견디는 것을 포함하고 있다. 자연인 담쟁이 넝쿨처럼 자신만의 방식으로 성장했던 것을 자각하고 자연을 닮은 시인은 자연의 순응의 힘이야말로 역동적인 생명력을 포함하고 있음을 지각하고 있다.

  망우리 441번지 도깨비시장 언덕에 단칸 셋방에 살았다. 주인 김형은 이른 아침부터 목각을 다듬어 원앙 쌍쌍을 만들어 장사하였다. 김형은 장사가 밑천이라며 일본어를 능숙하게 구사하며 일본으로 수출하였고, 새 쏘나타를 타고 떠나갔다. 망우리 산에서 불어온 산바람은 뙤약볕 내리쬐는 산골 묘지를 쓰다듬었다. 3층 상가 중 7평마다 5개의 칸막이 1층 점포 앞의 소방도로는 차들로 붐볐고, 건물 가게 앞 주차된 차마다 밤사이 타이어 펑크가 났다. 옆방 아줌마네, 세 아들 중 5살 난 아들은 세발자전거를 타고 창공으로 달려갔다. 칸마다 점포가 들어서고 건물 입구에 피아노 선율이 밤을 타고 비행하던 중, 지하에도 봉제 공장이 문을 열고 트럭이 도깨비처럼 정차해 갔다.

  망우산에서 불어온 바람은 봉화산 배 밭골 도로를 열어젖혔다. 아파트 꼭대기는 산바람이 불어왔고, 자전거는 밤마다 도깨비시장 골목길을 달려갔다.

  망우리 도깨비시장, 아침에 이른 해가 떠올랐다.
  피아노 건반에 이른 해가 떠올랐다.
– 〈도깨비시장〉 전문

 시인의 삶의 어둠을 지각하는 방식은 특별하다. 이제는 아파트 단지가 들어선 망우리 441번지는 서울시의 대표적 공동묘지인 망우리 언덕 밑에 있었다. 이곳의 사람들은 단칸 셋방에 거주하며 사는 것이 녹록치 않았지만 집주인만은 기회를 잡아 그곳을 떠난다. 그곳의 좁은 주차환경이 빚어내는 인심 사나운 이야기와 그로 인한 어린아이의 자전거 사고가 가슴 아프게 담겨있는데 시인은 그 상황을 자연의 시선으로 바라보고 있다. 죽은 사람을 위로하던 산바람은 산 사람의 골목골목도 쓰다듬어 줄 것이다. 시인은 그 바람의 힘으로 사람들이 도깨비시장을 열었다고 보고 있다. 밤에는 어두운 도깨비 이야기로 낮에는 햇살에 말리는 이야기로 시인의 기억 속에 남은 이 풍경은 가난한 삶과 재개발이 되기 전의 도시 변두리 지역 어디에서든 볼 수 있는 모습이었다. 시간이 주는 향수인지 사라져가는 것에 대한 안타까움인지 몰라도 이 시는 우리 가슴을 아프게 한다. 그러나 시인의 시선과 의식은 도깨비시장 위로 아침 일찍부터 떠오르는 해를, 또 피아노 소리마저도 그 햇빛에 묻어 있었음을 시각과 청각과 촉각으로 지각하고 있다. 시인의 지각은 평범한 순간을 입체화시키며 형식을 지니는 힘을 지닌다.

> 스르르 무지개색 실이 돌아간다
> 한 올 한 올 삼키며
> 스웨터 하나가 만들어
> 어지럼증 울렁증 목부터 배꼽까지
> 직선으로 당기는 중
>
> 실 하나가 팽팽하게 목표 지점을 향해 이동하고
> 스르르 바늘에 묶여
> 빨강 노랑 파랑 빛깔을 담아
> 둥글게 원을 그리며 쏴-아
> 포물선을 그린다.
>
> 작은 각도에 맞추어
> 촘촘하게 작은 원을 그리며
> 가슴까지
>
> 입력된 입김으로
> 배꼽에서 목까지
> 스웨터 하나가 탄생한다.
>
> -〈스웨터 기계〉 전문

선에 지나지 않는 하나의 실이 기계를 통해 입체를 갖고 사람의 몸과 밀착되는 옷으로 만들어지는 과정은 단순한 스웨터의 제작을 의미하지는 않을 것이다. 이 과정은 물리적 작업을 넘어서서 인간 경험의 한 단면들이 모여 개인의 경험이 어떻게 삶을 이루는지를 보여줌으로 평면의 순간이 입체화되는 모습을 드러낸다. 무지개색 실은 삶의 여러 가지 형태와 모습을 포함하고 있다. '한 올 한 올 삼키며'라는 섬세한 옷의 제작과정을 통해 시인은 우리가 경험하는 모든 순간들이 모여 우리의 전체적 삶을 이루었음을 지각하고 있다. 스웨터 만드는 일을 잘 알고 있는 시인은 이 스웨터 짜기 경험을 통해 평범한 아무렇지도 않은 순간순간이 모여 개인적인 변화를 마주하고 마침내 어떤 결과물에 도달하는 입체적 순간을 발견했을 것이다. 삶은 스웨터 짜는 일처럼 한 올 한 올 섬세한 작업으로 직조되고 있음을 지각한 시인은 이 시를 제작하는 방식도 자연을 통해 시에 접근할 때와 마찬가지로 비유를 쓰지 않고 스웨터 짜는 일에만 집중하고 있다. 시인은 자신의 삶에서 중요한 순간들을 현재화하는 방식으로 감각을 이용하여 지각하고 뭔가를 설명하거나 의미화하지 않는 본연의 순수성을 시간이 지난 후에도 그 대상을 향해 그대로 지니고 있다. 이것은 하관용 시인이 자신의 시를 위해 사물을 이미지로 사용하지 않고 있는 그대로의 사물을 지각하면서 있는 그대로 현실을 보여주고 받아들이고 있음을 확인하게 한다. 이러한 모습은 기교를 부리거나 무엇을 과장하여 묘사하지 않고 자연처럼 살아온 그대로를 수줍게 보여주는 하얀 찔레꽃의 모습이다.

  하늘로 피어오르는 건
  꿈길 만드는 건
  그건 살아 있다는 거

  물살을 가르며 솟구치는 피라미 떼

  폐병이 뒹구는 길바닥에
  누워 한 치 자리를 넓히고
  밤새 튕길 수 있다는 거

  수중보 넘어
  길을 만든다

  그건 살아 있다는 거다.
        -〈피라미 떼〉전문

 길가의 노숙자들이 자신의 자리를 마련하기 위해 안간힘을 쓰는 것을 시인은 피라미의 살아 오르는 힘으로 보고 있다. 길거리의 노숙자가 자신의 자리를 지키려는 것은 그나마 살아내려는 생명력을 드러낸다고 보고 있기 때문이다. 노숙자들이 견뎌내고 있는 것은 물살을 가르는 피라미 떼가

"수중보 넘어 길을 만든다"는 것과 같다고 말하고 있다. 생명이 존재하는 한, 삶의 여정은 계속되어야 하며, 살아있는 한 어려움을 극복하고 자신의 길을 만드는 데 필요한 힘을 내재화하는 것을 피라미 떼로 보여준다. 시인은 고통을 견디는 것 자체가 인간의 존엄과 내면의 힘의 발현으로 인식하고 있다. 작은 피라미의 생명력 통해 인간이 직면한 고난과 그 속에서 발현되는 힘을 역동적으로 살아있음으로 규정한 것은 수줍어서 가시를 피운 찔레꽃의 지각에서부터 연장된 시인의 시선이다. 수줍으면서도 강한 힘을 소구하는 시선은 어디서부터 왔을까?

일곱 살부터
지게를 밑천으로 나무를 팔아
산등성과 시장으로 오가시던 아버지

사당패들의 탈춤을 추기 시작하자
젊은 사람들이 둘러섰다.
작은아버지 박수 소리가 요란했다.
갑자기 인민군들이 총을 들고
젊은이들을 둘러쌓았다. 보자기로 싸듯

사람들은 섬진강을 거슬려
지리산으로 밧줄에 묶여가고
아버지가 뒤따라가다 달려가
작은아버지를 강물로 밀고 뛰어들었다

등지느러미 힘을 돋우고
꿋꿋하게 중심을 찾는다.

피라미 등지느러미
날렵하게 물줄기를 가르는 힘
　　-〈등지느러미 1〉 전문

　아버지가 작은 아버지를 구해 온 사건을 통해 시인은 아버지에 대한 존경심을 드러낸다. 일곱 살 때부터 지게를 이용하여 나무를 팔며 살아낸 아버지는 사당패들의 탈춤을 보다가 인민군에 의해 둘러싸여 끌려가는 작은아버지를 구하기 위해 그를 끌어안고 강물에 뛰어들었다. 이는 극단적인 위험 속에서도 동생을 구하려는 아버지를 "등지느러미 힘을 돋우고, 꿋꿋하게 중심을 찾는다"라는 구절과 함께 정서적, 신체적 강인함과 의지력을 지닌 인물로 지각되고 있음을 드러낸다. 시인은 이러한 아버지에 대한 존경과 그 이상을 추구하려는 갈등을 오랫동안 지녔을 것이다. 이 시는 단순히 과거의 사건을 회상하는 것이 아니라, 그 사건들이 현재의 자아에 어떻게 영향을 미쳤는지 드러난다. 아버지의 용기와 희생은 시인에게 영향을 미쳤을 것이며, 또 시인은 아버지의 정체성과 가치로 자신을 바라봤을 때 수줍었다고 지각했을 것이다.

눈(雪)이 내리자
꼬마들 옥상에 올라와
하얀 꽃을 피웠고

양동이에서 벗어난
얼음 사람
잃었던 눈썹과 입을 붙이고

아이들 호호 불며
생기를 밀어놓고

눈에 실려
동동 떠다니는
얼음 사람

얼음 사람 따라
아이들 둥둥 따라가고
하얀 꽃도 소곤소곤
　　　　-〈얼음 사람〉 전문

　하얀꽃을 쫓아 하늘을 날아다니는 아이들은 이제 양동이에 쌓인 눈이 얼자 눈과 입을 만들고 자기들의 입김으로 얼음 사람을 만들어 그들을 타고 날아간다. 어쩌면 시인에게는 과거의 순수의 기억은 얼음 사람일지도 모른다. 아이들의 생기로 만들어지고 둥둥 떠다니는. 그러나 햇볕이 비춰지면 녹아 없어지고 마는 얼음 사람. 겨울이 되면 얼음이 얼리

듯 때가 되면 어김없이 시인에게 찾아와 나직하게 소곤거리는 얼음 사람일 것이다. 아마 시인은 시간이 흘러도 지금처럼 하얀새를 쫓는 아이들과 같이 날아다닐 것이다. 시인에게 하얀색은 순결과 순수를 의미하는 것 이상의 자연을 담고자 하는 순순한 그리움과 순결한 상태의 지각이다. 지각으로 지속되는 수줍은 그의 영혼의 미래에도 하얀 새는 날고 있을 것이다.